PEQUEÑOS PENSAMIENTOS DEL MUNDO EMPRESARIAL.

M.Sc. JUAN CARLOS URUETA URUETA

Marzo, 2020

Barranquilla – Colombia.

Ofrezco mi mayor agradecimiento:

A DIOS, por permitirme vivir innumerables experiencias que han dado sentido a mi existencia y que, seguramente con estas líneas, lograrán trascender.

A mi ESPOSA y a mis HIJOS, por su amor incondicional y por darme razones cada nuevo día para seguir adelante.

A mi amigo LUIS FERNANDO GARCÍA ARRÁZOLA por creer en mis capacidades y, también, en mis principios.

A todos mis lectores y alumnos, por permitirme darles a conocer detalles de mi vida, en otra faceta.

Dedico este nuevo libro:

A Dios, por los talentos que ha otorgado a mis hijos y por bendecir siempre mi casa, mi trabajo y mi camino.

A todos mis familiares, en especial a mis diez (10) sobrinos que me acompañan aquí en la tierra y al que vive eternamente en el cielo.

A la Alta Dirección de la Corporación Universidad de la Costa, la Universidad Autónoma del Caribe, la Universidad del Atlántico y la Fundación Universidad del Norte.

A las instituciones y funcionarios que potencializan las capacidades de mis hijos en la educación, la música y el deporte.

CONTENIDO

INTRODUCCIÓN.

La realidad es la única consecuencia de varias acciones, las acciones son el resultado de múltiples decisiones y las decisiones son el efecto de infinitos pensamientos. Es muy difícil lograr que un pensamiento se convierta en realidad, pero es fácil darse cuenta que la realidad es la consolidación de al menos un pensamiento.

Veinte años de experiencia profesional, otros tantos en la academia y una vida familiar intensa, me han permitido pensar y, además, escribir gran parte de esos brotes maravillosos que emanan de la imaginación, la creatividad y la intuición del hombre, los cuales algunas veces hasta me han sorprendido. En uno de esos momentos de gran conciencia y estupor, afloró el pensamiento que me hizo decidir, escribir y publicar este hermoso libro.

Los conceptos aquí plasmados, son personales, empíricos y enmarcados en el contexto empresarial. No pretendo cuestionar, desmotivar u opacar teorías de otros autores afines, algunos de los cuales gozan de todo mi respeto y admiración. Este menú de ideas en archivo comprimido, es el fruto de muchas situaciones difíciles que hasta lágrimas me sacaron y de otros casos muy gratos, que pusieron mi autoestima en lo más alto y me otorgaron el valor para nunca dejar de sonreír.

Amigo lector, mi mayor deseo es que tales experiencias sean útiles para usted, en la faceta de su vida que desee implementarlas. Como decía aquel honorable político colombiano que murió siendo apenas yo un niño, a quien recuerdo porque mis padres lo admiraban por su honestidad, templanza y erudición: "los hombres pueden desaparecer, pero no las ideas" (Luis Carlos Galán Sarmiento).

PRÓLOGO.

Tengo el enorme agrado y honor de presentar a los lectores la obra "Pequeños Pensamientos del Mundo Empresarial", escrita por el Ingeniero Juan Carlos Urueta Urueta, estudioso de los temas de liderazgo empresarial, quien ha dedicado gran parte de su gestión profesional y personal a observar, describir y desarrollar estrategias de liderazgo que contribuyan a la eficacia en la administración de recursos, a la mejora del clima organizacional, a la gestión del talento humano, al fomento de la productividad de las empresas y, en general, al direccionamiento adecuado de la gestión de la alta gerencia, en el rol actual de los negocios.

El Autor ha construido una vida profesional exitosa, donde ha obtenido los más altos reconocimientos y experiencias en la dirección de empresas dedicadas a la agroindustria, enfocando su desempeño y trayectoria particularmente en la implementación de planes de negocios con gestiones administrativas y financieras, control de procesos, gestión de mantenimiento, sistemas integrados de gestión, programas de investigación, desarrollo e innovación, y destacando su gestión como un líder propositivo, capaz de cumplir metas organizacionales, teniendo como base el gerenciamiento de procesos, pero con especial énfasis en la dirección y desarrollo del talento humano.

A la par de la sobresaliente trayectoria profesional del Autor, destaco igualmente su perfil humano como especialista integral, que ha alcanzado en su desempeño y ejecución, la simbiosis exacta entre el cumplimiento de metas corporativas y la maximización del potencial humano que lidera. En realidad los secretos del éxito, como se colige de los planteamientos del Autor, se fundan en el cumplimiento estricto de los principios y, especialmente, aquel según el cual "el liderazgo requiere servicio".

Hoy tenemos a nuestra disposición un texto conceptualmente robusto, moderno y práctico, donde los industriales, gerentes y, en general, quienes lideran personas, pueden encontrar una guía que incorpora los protocolos fundamentales para adoptar decisiones claves en alternaciones y responsabilidades laborales y personales.

Los "Pequeños Pensamientos del Mundo Empresarial" se encuentran metodológicamente divididos en diez capítulos, donde se describen situaciones cotidianas de trabajo, producto de la experiencia del Autor, y sometidas al matiz de sus valiosas reflexiones personales, las que muy seguramente podrán contribuir en la toma de decisiones asertivas y justas para el cumplimiento de metas corporativas y desarrollo holístico del personal bajo su liderazgo.

Liderazgo gerencial, Trabajo en equipos de alto desempeño, Manejo del cambio, Toma de decisiones, Gestión del talento humano, Creatividad e innovación, Productividad, Gestión del conocimiento, Ubicuidad y dominio del entorno y Gestión de la alta dirección, son el portafolio total que integra el contenido de esta obra, como espacio reflexivo para la solución de las situaciones laborales, que deban ser afrontadas con una clara fundamentación de cada uno de los planteamientos que allí aparecen consignados, en la experiencia, asertividad y destacado discernimiento del Autor.

Bajo tal perspectiva, el ideal del escritor del presente libro apunta a compartir experiencias que permitan, a través de un archivo comprimido de ideas gerenciales, discernir y ofrecer sugerencias o respuestas a situaciones laborales de difícil manejo, con lo cual su designio o pretensión no es otra que ofrecer un valioso material de apoyo para que Usted y Su Empresa logren el cumplimiento de los objetivos trazados y una adecuada alternación en su vida laboral y/o personal.

En tal sentido, el manual que tengo el privilegio de presentar, constituye, sin duda alguna, un valioso instrumento o guía en línea, que le ayudará a resolver y a superar las más diversas y variadas inquietudes frente a situaciones laborales, sin costo alguno, y al alcance de quienes requieran para determinadas situaciones, o desde una perspectiva general, un encauzamiento eficaz de su actividad gerencial.

Esperamos que este libro suministre a quienes lo consulten, una enorme y sustancial utilidad y provecho, que sus consejos sencillos, contundentes y fundados en la prominente experiencia de su Autor, pronto lo conviertan en un manual inspirador que lo trasforme gradualmente en un mejor líder.

LUIS FERNANDO FARFÁN MOLINA.

Ingeniero de Alimentos con Especialización en Gerencia de Mercados.
Gerente de Planta de Manufactura, Ingeniero de Aseguramiento de la Calidad y Gerente de Producción.

LIDERAZGO GERENCIAL.

1. Motiva a todo aquel que en tus capacidades crea y esfuérzate por conquistar a todos esos que en ti nunca han creído. Sólo así llegará el día, en que convencidos o no, todos en ti creerán.

2. Enfócate siempre en buscar soluciones fáciles a problemas complejos, en lugar de buscar soluciones complejas a problemas que son fáciles de resolver.

3. Si alguien te busca persiguiendo sólo su propio beneficio, procura perseguir el beneficio colectivo, sin buscarlo a él.

4. El verdadero líder transfiere el conocimiento, delega, deja trabajar, soporta, a ratos, una buena parte de tu carga y siempre promueve la autoevaluación y el crecimiento de sus subordinados. El falso líder cree saberlo todo, quiere que las cosas se hagan a su manera, vigila constantemente, deja de hacer algunas funciones que le corresponden para presionar y generar conflictos, juzga a priori e impide que su gente se supere.

5. Un líder es excelente si genera un gran grupo de seguidores, pero cuando deja de reflexionar a solas, ya no lo es.

6. No permitas que un trabajador que en ti confía caiga en desgracia. Utiliza tu gracia para que confíe más en sus propias capacidades y no alcance a caer.

7. Un líder empresarial debe tomar decisiones, ser calculador, intuitivo, coherente, paciente y diligente, pero, sobre todo, ser comunicativo.

8. Todo cuanto proyectas en tu equipo de trabajo, construye en ellos tu propia imagen. No obstante, los superiores construyen tu propia imagen, a partir de los objetivos y resultados que hayas alcanzado a lograr.

TRABAJO EN EQUIPOS DE ALTO DESEMPEÑO.

9. Si adquieres una dinámica laboral enfocada al resultado, que mejora continuamente los procesos, que se nutre con la ciencia y con la tecnología y que promueve el desarrollo del talento humano, es muy posible que hayas logrado conformar un equipo de alto desempeño y que tus detractores ya no puedan hacerte daño.

10. El buen trabajador piensa que se juega su puesto todos los días, por eso direcciona hábilmente su equipo de trabajo, aporta a través de su gestión y mejora su perfil profesional continuamente. El mal trabajador piensa que entregó sus mejores años a la empresa, por eso subestima a sus subordinados, no transmite su conocimiento tácito, cree ser indispensable y no se esfuerza por aprender.

11. Las personas más capaces, no necesitan vigilancia, se esfuerzan por superar las expectativas de sus superiores y los records que ellos mismos han establecido en el pasado, imprimen un estilo único e inmejorable e indirectamente necesitan que quienes direccionan estratégicamente su labor, tengan o desarrollen cierto nivel de competencias.

12. Si tienes como ayudar a que una persona mejore su desempeño, no esperes a que te lo pida, toma la iniciativa, quizá algún día te lo pueda agradecer.

13. En toda organización hay trabajadores mediocres, entre menos los necesites más lejos estás de ser uno de ellos.

14. Un trabajador que recalque varias veces el mismo punto en una reunión de estrategia empresarial, probablemente no tiene algo más que aportar o se encuentra en el lugar equivocado.

15. No cuentes con alguien que no cuenta contigo y comienza a contar con todos aquellos cuyos actos te demuestren que contigo esperan contar.

16. Procura que tus subordinados se sientan retados, cuando no alcancen a satisfacer tu elevado nivel de competencia y trata de, con el ejemplo, subir la vara, para que logren saltar cada día más alto.

17. Nunca pases al lado de un trabajador sin brindarle un saludo y cuestionar en algo su labor. Siempre trata de inspirar a tu paso, humanidad, disciplina y control.

18. Ocupa los espacios que muchos jefes no alcanzan a llenar, sin descuidar tu propio rol. Sólo así sabrás cuando estás preparado para subir un nivel en la jerarquía empresarial.

19. No fijes tu meta en ascender un nivel jerárquico, cuando tal cargo no coincida con tu perfil laboral y cuando las funciones que te corresponda desempeñar se alejen de tus verdaderas expectativas.

20. Madrugador o noctámbulo, has que tu mente controle siempre tu cuerpo sin excederte y que siempre esté claro el alcance de cada sesión, para que el esfuerzo que imprimes, diariamente, en búsqueda de los objetivos trazados, realmente, valga la pena.

21. Si pretendes volar muy alto, coloca a todos los miembros de tu equipo muy lejos de su zona de confort y procura lograr que el máximo nivel de exigencia, sea para ellos su estado normal.

22. Hay trabajadores cuyo desempeño es similar a aquellos árboles que nunca dejan de crecer y echar raíces. Pero lo más común y sorprendente en ellos, es que, aunque tengan

cien años, florecen y dan frutos. Si has conocido alguno de ellos, has encontrado un tesoro.

23. Si sueles apasionarte en el trabajo, seguramente pasas mucho tiempo haciendo cosas fascinantes y, además, por eso te pagan.

24. Si te toca viajar mucho por trabajo, recuerda que hay otros que viajarían el doble, con tal de trabajar.

MANEJO DEL CAMBIO.

25. En muchos casos, tu prudencia puede detener la ira de otro. Sin embargo, también existen casos en los que la ira de otro, puede ser desatada por tu prudencia.

26. El gerente trae su propia gente, cuando los que él encuentra no logran pasar la página y entender todo lo que trae consigo un nuevo estilo de trabajo. Lo más constante es el cambio y adaptarse a él es menester, realmente, es la razón por la que algunos empleados surgen y marcan diferencia.

27. Si al desempeñar un nuevo rol, notas que debes corregir muchas fallas de tu antecesor, esmérate en hacerlo lo antes posible, ya que, después de un corto tiempo, todo aquello que no hayas logrado corregir, seguramente será visto por otros como falla tuya.

28. Si un superior te presiona de forma desmedida y sólo concentra su atención en tus errores, probablemente tiene el temor de que lo superes y logres brillar más que él.

29. Para que exista una discordia se necesitan dos. Cuando alguien quiera entrar contigo en discordia, hazte a un lado y deja que otro ocupe ese lugar. Mientras tanto, invierte el tiempo en cosas que realmente agreguen valor.

30. La sobrecarga laboral es común en aquellos trabajadores que no han aprendido a delegar o que aún no han comprendido las ventajas de contar con su equipo de trabajo.

31. Trata de que lo más predecible en tus ideas y actuaciones sea, precisamente, la impredecibilidad.

TOMA DE DECISIONES.

32. Nunca te lleves a casa los problemas del trabajo, podrías voluntariamente lastimar a quienes involuntariamente te hacen olvidar y, a la vez, te motivan a resolver, precisamente, los problemas del trabajo.

33. Los ascensos laborales son como un viaje sin retorno, el avión puede llegar a su destino o perderse durante la ruta. Cuando más grande es el reto, más grande es también el riesgo.

34. Si persigues la riqueza y puedes renunciar al reconocimiento, dedícate a los negocios. Si te motiva el reconocimiento y logras vivir con lo necesario, entonces busca un empleo.

35. Si tu jefe no tiene la razón, nunca le digas lo que quiere oír. Si se lo dices, es por eso que estás haciendo lo que no quieres hacer.

36. Prefiere siempre trabajadores con poca experiencia, ganas de aprender y disponibilidad de correr la última milla, en

lugar de trabajadores con mucha experiencia, que crean saberlo todo y que ya se sientan cansados.

37. Muchas veces, tener asesores expertos resulta útil, sobre todo en aquellos casos en los que se requiere de alguien que escuche a tus trabajadores y, después de esto, pueda convencerte de lo que hay que hacer.

38. Si un buen trabajador comete un error por convicción, invierte tiempo en reflexionar con él su falta y así prevenir que otros cometan lo mismo. Si el error fue por omisión, manifiesta tu inconformidad, evalúa su desempeño con más frecuencia y compromete al área de gestión humana en el proceso. Si nada eso te funciona, toma decisiones obvias, pues él mismo ha labrado su propio destino.

39. Si renuncias a una empresa, buscando crecer integralmente y después de un tiempo, tu antiguo empleador te busca para que vuelvas a trabajar con él, seguramente es porque fuiste muy eficiente. Si decides volver, debes procurar serlo aún más. Recuerda que ser "más eficiente" que "muy eficiente" es, prácticamente, ser excelente.

40. Quien mucha gente atiende, prudente, paciente y diligente ha de ser, de lo contrario, la empresa, siendo prudente ante muchas quejas de clientes impacientes, muy diligente será.

41. Cuando una persona responsable de atenderte te ofrezca un mal trato e ignore que eres su cliente, nunca pierdas la razón, para que no recibas esa mala energía. Si quieres actuar, deja un precedente poniendo la queja a la empresa que contrataste y busca pronto otra que pueda suplir el servicio, o simplemente hazte a un lado y sigue tu camino sin darle interés a lo ocurrido. Si logras hacer cualquiera de estos actos, tu conducta denotará que eres una gran persona.

42. Si al cometer una falta grave, la ocultas y no intentas corregirla, la angustia te quitará el sueño. Si por el contrario, la revelas y logras enmendarla, la tranquilidad te dejará dormir.

GESTIÓN DEL TALENTO HUMANO.

43. Las empresas ganan dinero, por la gestión de personas que tienen la capacidad de resolver problemas complejos. No obstante, algunas veces se filtran personas complejas con capacidad de generar problemas, que hacen que la empresa pierda dinero.

44. En los conflictos laborales, si una parte confiesa su versión, es obligación conocer la otra y promover una confrontación en ellas, de forma controlada.

45. Cuando en un órgano de control administrativo yacen divisiones muy marcadas, ningún trabajador debe disfrazarse de una de las partes, ya que, la verdad siempre prevalece y, en cualquier momento, puede perder su antifaz.

46. Los trabajadores excelentes son una especie de árbol de navidad, van recibiendo cargas (adornos) graduales hasta que se logra saturar su capacidad. Por lo regular, los superiores olvidan que la navidad sólo ocurre en diciembre y que esas cargas (adornos) deben redistribuirse en año

nuevo, para que el frondoso árbol pueda restablecer su capacidad potencial y estar listo para asumir nuevos retos, a otro nivel y en otra temporada.

47. Si recomiendas laboralmente a alguien, asegúrate de conocer cómo reacciona ante las dificultades. Si alguien te recomienda da lo mejor de ti en los tiempos difíciles.

48. Quien siempre injuria a quien tiene y bien le sirve, algún día, justamente, añorará tener a quien bien le pueda servir.

CREATIVIDAD E INNOVACIÓN.

49. Para que una idea se convierta en realidad, nunca dejes que la realidad se quede sin ideas.

50. El trabajador creativo y transformador siempre que hace una pregunta, encuentra más de una respuesta.

51. Las ideas más innovadoras, provienen de aquellos trabajadores buenos que siempre han hecho lo mismo y que nunca han sido escuchados.

52. Si tu jefe duda de todo lo novedoso que propones, entonces no dudes que jamás él propondrá algo novedoso.

PRODUCTIVIDAD.

53. Si quieres poner a prueba la capacidad productiva de un trabajador, rompe su rutina en el día más crítico. Si además de hacer lo que le pediste, cumplió con su rutina, de veras que es productivo.

54. Los empleados tienen una alta variabilidad en sus estados de humor, la cual es inversamente proporcional a su rendimiento laboral. Cuando logres que esa brecha tienda a cero, entonces, a partir de ese momento, podrás considerarte un excelente trabajador.

55. Dile a tu jefe que tardaste minutos haciendo algo que lo satisface por horas, en lugar de decirle que tardaste horas haciendo algo que lo satisface por minutos.

56. Esos días aparentemente improductivos, que sueles considerar tiempo perdido, te darán la pauta para que otros días, realmente productivos, consideres que no hay tiempo que perder.

57. Aquellos trabajadores que comunican chismes a sus superiores para "ganar puntos", esconden detrás de eso su incapacidad y el exceso de tiempo ocioso.

58. El chisme afecta más al clima laboral, que el calentamiento global al planeta. Es como aquella leche contaminada que todo el mundo identifica, consume y pasa inadvertida, hasta que algún día desata la gran epidemia.

59. Hay trabajadores que se esfuerzan por aparentar lo que no son, con el propósito de destacarse entre sus pares e impresionar a sus jefes. No obstante, corren el enorme riesgo de que sus jefes, sin mucho esfuerzo, se den cuenta de lo que realmente son y, ante la decepción, los pongan en vergüenza delante de sus pares.

60. Todas las cosas toman su tiempo. Trata siempre de aprovechar al máximo, el mayor recurso no renovable, que es, precisamente, el tiempo.

61. Si alguna vez te sientes improductivo, escribe lo que quieres hacer e intenta hacer lo que osaste escribir. Cuando la discrepancia entre ambas acciones sea mínima, ya volviste a ser productivo.

62. Cuando logras transformar un trabajador de bajo rendimiento, en un trabajador de altísimo rendimiento, además de hacerle un favor a la humanidad, controlas riesgos y vuelves a disponer de tiempo para ocuparte en otras cosas, igualmente productivas.

63. Trabajar tiempo extra para cumplir un objetivo, sólo vale la pena cuando no has malversado el tiempo ordinario.

64. Cuando, a pesar de esforzarte al máximo, el tiempo no alcanza para cumplir tus obligaciones a cabalidad, revisa que no estés haciendo el trabajo de otros o que quienes te asignaron la labor, realmente estén colaborando para facilitar tu gestión.

65. La capacidad productiva de un trabajador avanza en progresión aritmética, mientras su carga laboral lo hace siempre en progresión geométrica. No obstante, la mejor estrategia de cumplimiento, es ir aumentando cada día la pendiente de esa línea recta y consolidar tantos puntos de inflexión positivos como sea posible.

66. Por mucho que te esfuerces siempre habrá alguien más joven y capaz que tú. Por eso, esfuérzate en acumular

experiencias únicas y enriquecedoras, para que ese gran valor haga la diferencia.

67. Producir para vender, no es lo mismo que producir para atender una demanda potencialmente insatisfecha. El servicio postventa, muchas veces suele ser el motor que acelera la producción y el proceso que más contribuciones otorga al momento de elaborar, precisamente, un pronóstico de ventas.

68. Si deseas aumentar tu rendimiento, procura reducir todo aquello que te hace perder el tiempo. Si deseas aumentar el rendimiento de tu equipo de trabajo, procura reducir órdenes que hagan que ellos pierdan el tiempo.

GESTIÓN DEL CONOCIMIENTO.

69. Si te has esforzado mucho por algo que aún no has obtenido, recuerda a menudo aquellas cosas que has obtenido sin mucho esfuerzo, quizá en ellas encuentres lo que te está haciendo falta.

70. Revela todo lo que sabes, para que tus compañeros de trabajo te digan que te hace falta por aprender.

71. Cuando tu buena gestión alumbra el desempeño de otros que ocupan cargos superiores al tuyo, el éxito tiende a ser de todos. No obstante, cuando el fracaso se asoma, así sea por esos aspectos que no son controlables por ti, todos te señalan y consideran que la falla ha sido, exclusivamente, tuya.

72. El ser humano envejece después de trabajar muchos años, pero el fruto de su esfuerzo, además de facilitar que su siguiente generación logre llegar a la juventud, rejuvenece su espíritu y renueva sus fuerzas.

73. Cuando un joven talentoso lidera a personas con edades equivalentes a dos generaciones por encima de la suya, regularmente combina el respeto que se le brinda a un abuelo, con la exigencia que se le imparte a un hijo.

74. Aquellas empresas familiares exitosas, que perduran por múltiples generaciones, al mayor estándar de las compañías multinacionales, han logrado tales resultados porque una vez, con gran incertidumbre, establecieron ciertamente, un protocolo de familia.

75. Construir una gran obra requiere de altas dosis de esfuerzo, dedicación y recursos. Pasarán largos días para cumplir el objetivo, pero tan sólo en segundos, todo se puede borrar. Lo único que no se desvanece es tu conocimiento y capacidades para volverlo hacer otra vez y mejor.

76. Si eres demasiado bueno en algo que te diferencia de los demás trabajadores, explótalo al máximo sin ponerlos en vergüenza y enséñales a hacerlo bien, con paciencia y humildad. Sólo así podrás beneficiarte, de todo aquello en lo que ellos suelen ser buenos y, aunque marquen diferencia y actúen con impaciencia y arrogancia, esas cosas nunca te afectarán.

77. Un buen trabajador nunca olvidará: 1) El mensaje de bienvenida de su jefe al final de la jornada, preguntándole cómo se sintió en su primer día laboral, 2) Las recordaciones en sus días de cumpleaños, 3) Los reconocimientos públicos de su labor, 4) El apoyo en las calamidades domésticas y 5) Las enseñanzas más sensibles de sus superiores.

78. Divagar ante un cuestionamiento claro y directo, es la manera más evidente de demostrar incompetencia. La mejor manera de demostrar competencia es dar una respuesta clara y directa ante un vago cuestionamiento.

79. Estar bajo el árbol que más sombra da, no siempre es la opción más conveniente. Si algún día éste es derribado, puede cumplirse el refrán "al caído caerle" y terminarás soportando su propio peso y el de todos aquellos que sobre él han de caer.

80. Si alguien te busca de mala manera para que le hagas un bien, ignóralo de buena manera para que no te vuelva a buscar.

81. Actualmente, se llenan más vacantes por recomendación que por competencia, se mantienen más puestos de trabajo por influencias que por resultados y se gestiona más con la adulación del cliente interno buscando el bien individual, que con la contribución al mismo en búsqueda del bien colectivo.

82. Quien te ofrece dinero fácil, es el primero en divulgar lo fácil que te ganas el dinero. Quien te adula cuando está contigo, es el primero en juzgarte cuando te marchas y quien te acusa falsamente de cometer irregularidades, ciertamente irregularidades ha cometido.

83. La arrogancia de aquel que supone tener el poder, cruelmente burlada puede ser, por la humildad de otro que está seguro de su saber.

UBICUIDAD Y DOMINIO DEL ENTORNO.

84. Las empresas más prósperas, son aquellas que han logrado entender su modelo de negocio, el de sus competidores y la razón de cambio de los mismos.

85. En tiempos de crisis, las aguas mansas encubren la tensa calma y la incertidumbre se suele soportar con nuevas oportunidades.

86. Apaciguar en la humanidad mal humor, alto ego, intolerancia, arrogancia y soberbia será, realmente, en algunos años, el core business de las empresas más rentables del mundo.

87. Tener un único proveedor no suele ser muy estratégico, pero suele ser más conveniente que tener un único cliente.

88. Las soluciones más efectivas de aquellos problemas complejos del mundo empresarial, se fundamentan en la observación detallada, el sentido común y la recursividad.

89. Muy hábil es quien se anticipa y predice una pregunta, para ganar tiempo y discernir la mejor respuesta. Poco hábil es quien después de escuchar la pregunta, demora en responder para darse importancia y termina respondiendo lo primero que se le viene a la cabeza.

90. Si quieres vender y ganar, ubicuo serás. Si quieres comprar y ganar, e-commerce usarás.

GESTIÓN DE LA ALTA DIRECCIÓN.

91. Pensar en lo imposible, sólo es posible para aquellos jefes que piensan que todo es posible. Hacer lo imposible, sólo es posible para aquellos trabajadores que hacen que todo sea posible.

92. Administrar con recursos suficientes transforma a una empresa y la lleva al éxito. Administrar con recursos escasos forma a una empresa para llegar al éxito.

93. La economía de escala es transversal a todos los negocios. Si los empresarios practicaran estas sinergias y dejaran de lado el egoísmo y la desconfianza entre ellos, sin lugar a dudas, ganarían más dinero.

94. Cuando tengas que presentar un informe de gestión, tómate el tiempo necesario y suficiente para preparar los contenidos e imprimir un estilo auténtico, pero sobretodo dedícale tiempo a imaginar todo aquello que te pueden cuestionar.

95. El riesgo financiero de una empresa es inversamente proporcional a su nivel de orden administrativo,

independiente de las bondades del negocio, las cuales determinan, sólo en primera instancia, su nivel de rentabilidad.

96. Las empresas no llegan al estado de insolvencia económica por falta de capital, sino por falta de flujo de caja efectivo. La correcta dimensión del Opex, es la vida de cualquier compañía.

97. Controlar muy bien el nivel de inventarios de repuestos, materias e insumos, no implica tener silos y bodegas al límite u otra fábrica desarmada en almacén, tampoco se logra comprando todo por caja menor y mucho menos permitiendo discusiones bizantinas entre clientes internos. Los procesos de inventario y adquisición de bienes y servicios deben ser ágiles, automatizados, flexibles e impersonales. Sólo así se puede proporcionar trazabilidad, transparencia, confiabilidad y ahorro a las compañías. Una buena gestión de inventarios tiende a determinar una buena gestión de compras y no al contrario.

98. No confundas ser diligente, con ser intenso y hostigante. La mayoría de los que no reconocen ese umbral, tarde o temprano, revelan, a través de sus actos, que su conducta es producto de miedos, falencias e inseguridades.

99. Siempre que contrates a un nuevo trabajador, trata de imaginar cómo será su conducta, si alguna vez te toca despedirlo.

100. Si alguna vez te toca ser jefe de tu mejor amigo, el mayor gesto de amistad es persuadirlo para que sea el mejor de tus trabajadores.

101. En la gestión empresarial, promover el principio de igualdad en los trabajadores, es algo absolutamente admirable. No obstante, incentivar la competitividad y compensar a los empleados por su nivel de desempeño, es algo definitivamente extraordinario.

102. En una empresa en crisis, hay muchos momentos amargos que se prolongan innecesariamente, sólo porque hay un mayor número de personas transmitiendo desmedidamente la presión, hacia un menor número de personas que la soportan y que contribuyen a solucionar problemas complejos.

103. Quien algo malo está haciendo, siempre trata de desviar la atención de sus jefes, propiciando la falla de otro que todo lo está haciendo bien.

104. Nunca dejes de servir a tus jefes, pares y subordinados, desinteresadamente. Hay personas que sólo te saludan el día que necesitan tu ayuda y son los mismos que no ayudan sin pedir algo a cambio. Es normal que cuando hagas un favor, ellos piensen que tienes un interés, lo cual siempre debes ignorar, porque llegará un día en que de ellos recibirás favores que no habrás pedido y algunos de ellos te servirán por obligación.

105. Si tienes autonomía y conocimiento, toma decisiones y sigue adelante. Si las decisiones dependen de otros que no tienen el conocimiento, apórtalo tú, para que puedas seguir adelante.

106. Antes de hacer un negocio, asegúrate de conocer y poner a prueba a todos tus socios. Sólo así tendrás certeza, de que el negocio pasará todas las pruebas.

EPÍLOGO 1

Este libro es un acertado abordaje de conceptos e ideas aplicadas a los problemas reales de la industria, es un lugar común en el que cada vez que nos actualizamos con temas de gestión de proceso, liderazgo, gestión estratégica, entre otros.

Mientras vamos leyendo, estamos atando tales conceptos a nuestra realidad, debido a que El Autor relata, de manera acertada, pequeños tips que resumen de forma objetiva muchos conceptos aprendidos y que, a la vez, permiten completar ese proceso de incorporación ordenada del conocimiento, en el cual primero se aprende y luego se apropia de los conceptos más importantes para aplicarlos en cualquier contexto que haga parte del desarrollo personal y profesional.

No puede dejar de identificar y marcar pensamientos que hacen parte de las buenas prácticas de gestión y que son conceptos que bien vale la pena desarrollar para dar solución a desafíos de hoy, que resultan cada vez más exigentes.

Esta obra es un handbook de gestión gerencial, que te deja un arsenal de herramientas para administrar tu proceso con pensamientos que bien valen la pena aplicar y que son el reflejo de la experiencia vivida por El Autor.

LEOPOLDO JOSÉ PARDO IGUARÁN

Director de Mantenimiento y Gestión Ambiental
PROCAPS S.A.

EPÍLOGO 2

En pequeños pensamiento del mundo empresarial, su autor refleja un grupo de recomendaciones, a manera de lecciones aprendidas, a lo largo del camino que ha desarrollado para alcanzar el éxito a nivel empresarial, abordando de manera responsable el equilibrio requerido con el resto de las dimensiones del ser humano, tales como: la personal, la espiritual y la familiar.

Nos muestra aspectos necesarios para aprender en el arduo proceso de construir el éxito profesional, nos aporta las vivencias al interior de una organización empresarial, construyendo y desarrollando de manera disciplinada, los pasos necesarios para crecer en un plan de carrera, incorporando experiencias, generando conocimiento y recibiendo entrenamiento.

Sin duda representa una guía de estrategia empresarial clave, para considerar como fuente válida de experiencias y aspectos vitales en varias de las áreas del liderazgo empresarial y la gestión por procesos, que le serán útiles al lector, siendo este uno de los que recién inicia su camino o bien para aquellos que ya han obtenido el reconocimiento.

Durante mis años de experiencia he evidenciado que este tipo de contendido no son fáciles de encontrar y mucho menos cuando abordan aspectos tan variados del liderazgo empresarial, la gestión del talento humano, las relaciones con la alta dirección y la productividad, mostrando una clara hoja de ruta para todos aquellos que deseen obtener altos estándares similares a los de las organizaciones de clase mundial.

Son vivencias reflejadas por el autor, pero que al leerlas, sin duda, nos identificaremos con muchas de ellas y sentiremos la sensación de que pareciera que nos hubiesen entrevistado para tomar insumos de contenido. Este hecho valida el acierto de autor, al recoger en esta gran obra, todos esos tips que han surgido de sus aciertos y de sus errores, plasmados de forma clara y accesible para una gran variedad de lectores.

Los invito a que hagamos de estas recomendaciones nuestra herramienta más valiosa, para enfrentar los desafíos que exigen los tiempos actuales en el desarrollo empresarial. Seguramente, los resultados de su puesta en práctica nos irán mostrando que estos pensamientos nada tienen de pequeños y que ayudarán a enfrentar con todas las herramientas disponibles, los cambios que suponen nuevos retos laborales que logren cautivar tu atención.

Les deseo éxitos a todos en su implementación.

ARIF JOSE ESLAIT BARRIOS

Director de Proyecto Natureceuticalsrx.

Teléfonos y WhatsApp:

(57) 3216842848 – (57) 3003700487

E-Mail

juancarlosurueta@hotmail.com

LikedIn

https://www.linkedin.com/in/juan-carlos-urueta-urueta-b975821a3

Usuario Skype:

juanurueta0226